ÉLÉPHANTS

PORTRAITS DU MONDE ANIMAL

Leonard Lee Rue III

PML EDITIONS

Euredition

Concept et production: Todtri Productions Limited, New York, pour Euredition bv, La Haye
Ce livre sera publié simultanément en France, Allemagne, Grande-Bretagne, Italie, Hollande et Suède sous la coordination de Euredition, La Haye

Auteur : Paul Sterry
Production : Robert M. Tod
Concepteur : Mark Weinberg
Réalisation : Edward Douglas
Éditeurs: Mary Forsell, Joanna Wissinger, Don Kennison
Coordination de la production: Heather Weigel
Traducteur : C. Mallerin
Photocomposition : Buro AD, Amersfoort
Impression et reliure par Tien Wah Press, Singapour

ISBN 2 - 87628 - 937 - 7

CRÉDIT PHOTOGRAPHIQUE

Photographe/numéro de page

Dembinsky Photo Associates
Mike Barlow 6
Stan Osolinski 5, 16, 28 (haut), 77, 79
Fritz Polking 15 (haut), 42

Joe McDonald 24 (gauche), 29, 33 (bas) 38, 40-41, 43, 48, 50, 53, 58, 73

Nature Photographers Ltd
P. Craig-Cooper 34 (bas), 45, 63, 73 (gauche, bas), 74 (bas)
Paul Knight 68, 74 (haut)
W.S. Paton 11
Hugo Van Lawick 14 (haut), 44, 54 (haut), 60 (haut)

Len Rue Jr 4, 8-9, 36, 60 (bas), 62 (haut et bas), 67 (bas)

Leonard Lee Rue III 3, 12 (bas, droite) 27, 46, 59

Tom Stack et Associates
Nancy Adams 32 (haut)
Walt Anderson 66, 67 (haut)
Gerald A. Corsi 22, 30
Warren Garst 20
Barbara Von Hoffman 24-25, 26, 69
Joe McDonald 75
Mark Newman 64
S.K. Patrick 7 (bas), 35 (bas)
Inga Spence 39

Collection de *Wildlife*
John Giustina 28 (bas)
Martin Harvey 7 (haut), 10, 12 (haut), 14 (bas), 15 (bas), 21, 31 (haut et bas), 32 (bas), 33 (haut), 34 (haut), 35 (haut), 37 (haut et bas), 47, 49, 51, 52, 54 (bas), 55, 56-57, 61 (haut et et bas), 65, 70, 71, 73 (haut, gauche), 78
Tim Laman, 17, 18-19, 72-73

INTRODUCTION

Attentifs aux odeurs transportées par l'air, les animaux sauvages font montre d'une vigilance permanente. Cet éléphant dresse haut sa trompe, cherchant à reconnaître parmi les effluves que lui amènent la brise, ceux qu'il pourra associer à une nourriture recherchée, à une présence amie ou ennemie.

Par une belle et claire journée d'août 1968, en plein cœur du parc national de la Reine-Elizabeth, en Ouganda, je contemplais quatre grands pachydermes paître l'herbe luxuriante croissant le long du Nil au cours placide. Il ne s'agissait pas de n'importe quels éléphants, mais d'un patriarche et de trois membres de sa suite ! Ces derniers, âgés de 35 à 40 ans, étaient tous, dans leur maturité, d'une taille imposante, mais le patriarche était franchement colossal, avec des défenses proportionnées à sa stature. Jamais je n'avais vu aussi gros éléphant et mon guide, Finn Allen, qui avait pourtant grandi dans les réserves d'Afrique de l'Est, manifestait une égale stupéfaction. Nous avons estimé que le vieil éléphant atteignait au moins 3,30 m de hauteur au garrot, et pesait plus de 5 400 kg. Les défenses, qui venaient légèrement en avant de sa trompe tendue, étaient vraiment impressionnantes, mesurant au moins 2,75 m et devaient peser environ 90 kg chacune.

Nos tentatives répétées pour approcher le patriarche en Land Rover s'avérèrent infructueuses, un ou plusieurs des membres de sa suite nous blo-

quant à chaque fois le passage. Tête et queue dressées, ils agitaient leurs oreilles, enroulaient leur trompe, et faisaient mine de charger, accompagnant leur attitude menaçante de maints barrissements aigus, un des cris les plus inquiétants du monde animal – et franchement terrifiant lorsque la tête vous fait face.

Pendant ce temps, le patriarche continuait de manger. Sans relever un seul instant la tête, il se déplaçait juste assez pour pouvoir attraper davantage d'herbe, nous ignorant royalement. Il ne manifestait pas la moindre inquiétude, ou bien avait-il une entière confiance dans la protection assurée par ses suivants ? Cette confiance était certes bien placée, puisque, dans un premier temps, nous fûmes dans l'impossibilité de l'approcher.

Nous finîmes par trouver une solution, qui s'est avérée applicable à la plupart des animaux sauvages que j'essayais de photographier. Elle consistait à nous asseoir ostensiblement et à attendre que le sujet s'habitue à notre présence. Lorsque les éléphants ont commencé à se détendre, nous nous sommes avancés tout doucement et avons pris nos photos.

Ces clichés me sont particulièrement précieux. Des centaines d'éléphants que j'ai photographiés dans mes nombreux voyages en Afrique, aucun n'était aussi majestueux et superbe que ce patriarche. Le vieil animal était en excellente santé, malgré ses 55 ans bien sonnés. Il est mort depuis, bien sûr, peut-être de mort naturelle, ou, ce qui est plus probable, victime des guerres civiles qui ravagèrent l'Ouganda dans les années 1970 et 1980. On signale aujourd'hui l'existence en Afrique d'un couple de grands éléphants mais je doute de jamais pouvoir les observer et encore moins de les prendre en photo. Les animaux que j'ai photographiés ce jour-là, il y a vingt-cinq ans, appartiennent à une époque révolue.

Dans la savane africaine les incendies sont si fréquents – déclenchés par la foudre ou allumés par l'homme – que la plupart des animaux, l'éléphant y compris, n'y accordent que très peu d'attention.

Les éléphants sont capables de manger des branches d'acacia, couvertes d'épines longues de 5 cm, pointues comme des aiguilles et aussi dures que l'acier, sans qu'elles causent le moindre dommage à leur trompe, leur langue et leur bouche...

ÉLÉPHANTS D'HIER ET D'AUJOURD'HUI

Les proboscidiens

L'éléphant d'Asie *(Elephas maximus)*, avec ses quatre sous-espèces – l'éléphant indien, l'éléphant de Ceylan, l'éléphant de Sumatra et l'éléphant malais – et l'éléphant d'Afrique *(Loxodonta africana)*, avec ses deux sous-espèces – l'éléphant des savanes et l'éléphant des forêts – sont les seuls survivants d'un ordre ancien : l'ordre des proboscidiens, les animaux à trompe.

Les éléphants actuels descendent de deux groupes distincts qui connurent un développement parallèle. L'âge des reptiles – époque où les dinosaures régnaient sur la terre – venait de prendre fin, et le paléocène (il y a 65 millions d'années) vit l'évolution en Égypte d'un animal proche du tapir, le *Moeritheum*. Ce proboscidien, qui avait un crâne et une denture similaires à ceux de l'éléphant actuel, possédait en outre quatre dents qui allaient se transformer en défenses. La seconde plus vieille famille, celle du *Dinotherium*, évolua à la fois en Afrique et en Eurasie.

Bénéficiant de conditions favorables, ces créatures se propagèrent, au cours des 26 millions d'années qui suivirent, dans toute l'Afrique et en Eurasie, parfois même en Amérique du Nord et du Sud. Pendant cette lente mais inexorable expansion, de multiples espèces de proboscidiens s'adaptèrent aux différents climats et aux types d'habitats rencontrés, jusqu'à devenir toutes capables de survivre dans des conditions extrêmes. On les trouvait aussi bien vers le pourtour de la calotte glaciaire qu'à la lisière du désert, mais

Cette silhouette est celle d'un éléphant d'Afrique. On remarquera l'angle occipital et l'ensellure lombaire de la colonne vertébrale, caractéristiques de l'espèce.

Cet éléphant d'Asie, reconnaissable à sa silhouette, se distingue de l'éléphant d'Afrique par une sorte de dôme au sommet de la tête et une colonne vertébrale nettement arquée.

Malgré leur résistance et le fait qu'elles soient destinées à lui procurer sa nourriture, les défenses d'un éléphant se cassent parfois quand, à la recherche de fibres, il s'en sert pour creuser dans le tronc d'un arbre, ou pour le déraciner.

Page suivante : Si la naissance de jumeaux est rare chez les éléphants, elle peut toutefois se produire, lorsque la taille du troupeau est stable et la nourriture abondante.

également dans la toundra, la taïga, la forêt dense, la savane et les marécages. Plus de trois cents espèces formèrent ainsi quatre lignées principales.

Les ancêtres des éléphants

Le *Dinotherium* évolua durant l'éocène (il y a plus de 58 millions d'années) pour finir par ressembler aux éléphants actuels.

D'une taille légèrement inférieure cependant, il possédait une trompe plus courte, et ses défenses, plus longues, étaient recourbées vers le bas et l'arrière. On ne sait pas exactement s'il s'en servait pour ratisser la végétation ou pour labourer la terre, à la recherche de racines et de tubercules. Cette lignée s'est éteinte il y a deux millions et demi d'années.

Le *Gomphoterium* évolua pendant l'oligocène (il y a 37 millions d'années), développant un corps éléphantin, pourvu d'une trompe rudimentaire. Sa denture était similaire à celle des éléphants d'aujourd'hui, mais il présentait quatre petites défenses, deux courbées vers le bas, et deux pointées vers le haut. Certains membres de ce groupe développèrent des mâchoires larges et plates, semblables à des pelles, qui leur permettaient de ramasser la végétation marécageuse dont ils se nourrissaient, tandis que les autres compensaient l'étroitesse de leur mâchoire par d'énormes défenses. Cette famille a disparu relativement récemment, il y a peut-être 10 000 ans.

Des Gomphotheriae sont issus les Mammutidae, souvent appelés mastodontes, qui appa-

A sa maturité, un éléphant mâle africain mesure de 3 à 3,50 m au garrot et peut peser jusqu'à 5400 kilos.

Les neiges du Kilimandjaro, en Tanzanie, que l'on aperçoit ici en arrière-plan, forment, en fondant, une véritable rivière qui fait du parc national d'Amboseli, au Kenya, une oasis verdoyante abritant un grand nombre d'éléphants, parmi d'autres espèces sauvages.

En proie à une démangeaison dans un endroit difficilement accessible, cet énorme mâle africain se frotte contre un arbre pour se soulager.

rurent au miocène et au pléistocène (il y a 10 à 12 millions d'années).

Si ces créatures avaient l'aspect des éléphants actuels, elles s'en différenciaient par un corps plus trapu, par une trompe et des défenses plus longues, ainsi que par des oreilles plus réduites. Elles possédaient aussi une denture bien distincte et étaient couvertes de longs poils. Bien que les mastodontes se soient répandus sur tous les continents, c'est en Amérique du Nord que l'on a trouvé la plus importante collection de leurs squelettes. L'extinction de ces animaux, dont l'habitat primitif était la forêt, coïnciderait avec l'apparition de l'homme sur ce continent, il y a environ 18 000 ans.

Au pléistocène (il y a 1,6 million d'années), les mastodontes engendrèrent les Elephantidae, dont sont issues la famille éléphantine la plus connue de la préhistoire, celle du *Mammuthus*, le gros mammouth laineux, ainsi que les deux espèces d'éléphants ayant subsisté : l'*Elephas* et le *Loxodonta*. Le *Mammuthus imperator*, qui habitait la partie méridionale de l'Amérique du Sud, est le mammouth le plus gigantesque que la terre ait jamais porté, avec une hauteur de 4,5 m au garrot ! Le mammouth laineux du Nord, le *Mammuthus primigenius*, résidait dans la partie septentrionale de l'Amérique du Nord et de l'Eurasie. Cette espèce de mammouths, très répandue, a pu être étudiée de manière plus approfondie que les autres, grâce à la découverte de plusieurs carcasses que le gel avait conservées dans leur intégralité, et qui demeurent aujourd'hui intactes, dans les instituts scientifiques.

Les mammouths laineux, légèrement plus gros que les éléphants d'aujourd'hui, étaient protégés du froid par une épaisse fourrure rougeâtre et une couche de graisse sous-cutanée de 76 millimètres d'épaisseur. Leurs longues défenses courbées de façon spécifique vers le bas, l'avant et l'intérieur, servaient à balayer la neige qui recouvrait la végétation dont ils se nourrissaient sous les climats nordiques, notamment dans les steppes eurasiennes et les prairies glacées d'Amérique du Nord.

Les éléphants d'aujourd'hui

Nous avons vu que l'éléphant d'Afrique et celui d'Asie étaient les seuls survivants modernes de l'ordre des proboscidiens. Les taxonomistes considéraient autrefois l'éléphant des forêts africaines *(Loxodonta cyclotis)* comme une espèce à part, mais on admet à présent qu'il ne s'agit que d'une sous-espèce bien différenciée. A une certaine époque également, l'éléphant du Cap, vivant en Afrique du Sud, passait pour une sous-espèce distincte de l'éléphant de savane, mais on estime aujourd'hui qu'il n'existe pas de différences entre elles.

Une comparaison entre les deux espèces avérées montrera un certain nombre de caractères spécifiques. L'éléphant d'Afrique est beaucoup plus gros que celui d'Asie, le mâle pouvant atteindre entre 3

Ce dôme fendu est l'un des traits distinctifs de l'éléphant d'Asie, que l'on identifie également à la taille et à la forme de ses oreilles, formant un triangle à la pointe tournée vers le bas.

Les poils du bout de la queue d'un éléphant peuvent atteindre une longueur de 60 cm, ou même davantage, balayant souvent le sol.

N'aimant pas s'exposer au soleil en plein jour, les éléphants chercheront refuge sous l'ombrage de n'importe quel arbre. Ils exercent leurs activités principales la nuit ou durant les moments de moindre chaleur, tôt le matin ou en fin d'après-midi.

Pendant la saison sèche, la terre aride, battue par les pieds des pachydermes, se transforme en une poudre qui s'élève comme un voile orangé devant le soleil.

Les éléphants savent parfaitement où trouver, dans un faible rayon, les nourritures les plus riches, et connaissent avec exactitude le moment de l'année où ils pourront les consommer. Leur instinct leur indique également quels sont les aliments les plus nutritifs, et si le choix leur est permis, c'est à ceux-là qu'ils accorderont leur préférence.

Les éléphants suivent depuis des siècles les mêmes pistes, qui conduisent à leurs souilles favorites. L'aptitude à trouver de l'eau est déterminante pour la survie de l'éléphant comme de tout autre être vivant.

et 3,30 m de hauteur au garrot, et parfois plus. L'éléphant d'Asie, qui dépasse rarement 2,4 m à 3 m de hauteur au garrot, est en revanche plus trapu ; de ce fait, chez l'une comme chez l'autre espèce, les mâles les plus imposants peuvent peser jusqu'à 5400 kg. Les femelles des deux espèces sont d'une taille et d'un poids inférieur, les plus fortes approchant de 3600 kg. Le plus gros éléphant d'Afrique jamais recensé, qui est aujourd'hui exposé à l'Institution smithsonienne, mesure 4,10 m au garrot.

Vu de profil, l'éléphant d'Afrique a une tête tombante, fortement angulaire, des épaules hautes et une colonne vertébrale concave qui s'abaisse un peu au milieu du dos pour remonter vers les hanches. L'éléphant d'Asie présente une crête en travers du crâne, juste au-dessus des yeux, ainsi qu'une bosse au sommet de la tête. La colonne vertébrale de l'éléphant d'Asie, s'incurvant régulièrement, est plus haute au milieu du dos qu'aux hanches ou au garrot.

Chez les deux espèces, la peau est d'une épaisseur différente selon les parties du corps, avec une moyenne de 2,5 mm. Celle de l'éléphant de savane africain est plus dure que celle de son frère, l'éléphant des forêts, ou que celle de l'éléphant d'Asie. Ce sont des caractéristiques liées à l'individu, et non à l'espèce, qui déterminent la quantité de poils de chaque animal. Tous les éléphants en ont autour de la bouche, de la mâchoire inférieure comme de la mâchoire supérieure, mais la quantité de poils sur la tête et le corps varie considérablement d'un sujet à l'autre.

L'épiderme de l'éléphant d'Afrique est d'un gris presque uniforme. Parmi les éléphants d'Asie, certains sont également gris, tandis que d'autres sont plus foncés, avec souvent de grosses taches claires ou rosâtres. La peau d'un éléphant mouillé paraîtra plus sombre. Comme s'enduisent de boue et de poussière ces pachydermes pour se protéger du soleil et des piqûres d'insectes, ils prennent la couleur de la terre qu'ils utilisent. La plupart des éléphants d'Afrique de l'Est, par exemple, paraissent avoir la peau rouge, l'argile rouge étant très répandue dans la région.

Les éléphants d'Asie donnent parfois naissance à quelques albinos, exception totalement inconnue chez ceux d'Afrique. L'albinos n'est pas d'un blanc pur, mais d'un gris très clair, et l'animal présente des yeux rougeâtres.

Aux Indes, les maharadjahs offraient autrefois un de ces albinos aux courtisans en disgrâce. Considéré comme sacré, l'éléphant blanc ne pouvait être utilisé pour travailler : l'entretien et les frais considérables qu'il induisait n'étaient donc compensés par aucun bénéfice. L'expression « éléphant blanc » est aujourd'hui utilisée pour désigner tout ce qui est onéreux, mais ne rapporte rien.

L'éléphant d'Afrique et le rhinocéros noir descendent l'un et l'autre de mammifères très anciens, apparus sur terre il y a quelque soixante millions d'années.

C'est à cause de sa taille monumentale, et non de son éventuelle agressivité, que tous les autres animaux, comme ces zèbres de Grant, gardent une distance respectueuse vis-à-vis de l'éléphant.

CARACTÉRIS-TIQUES PHYSIQUES

Les yeux et les oreilles

Les yeux de l'éléphant sont petits par rapport à sa taille, à peine plus grands que ceux de l'homme. Leurs petites dimensions ont longtemps fait croire qu'il souffrait d'une mauvaise vue. En effet, placés sur le dessus de la tête, ils ne lui confèrent pas la vision binoculaire dont jouissent l'homme et la plupart des prédateurs. D'un vert brunâtre, entourés de longs cils noirs, ils sont dotés de trois paupières, dont une transparente, appelée membrane nictitante. La largeur de ses oreilles et son corps massif empêchent l'éléphant de voir en arrière et réduisent également sa visibilité sur les côtés. Sa vision est bien meilleure en forêt, dans une lumière tamisée : on a découvert que le moindre mouvement pouvait être détecté par un éléphant à une distance de 45 m.

Les oreilles des éléphants d'Afrique et d'Asie, ces organes étonnants, diffèrent considérablement par la taille et la forme. Celles de l'éléphant d'Asie forment un triangle à la pointe tournée vers le bas, et mesurent, chez l'adulte, environ 76 cm de largeur en haut, et 76 cm de hauteur jusqu'à l'extrémité de la pointe. Commençant en leur tard supérieur bien au-dessous du sommet de la tête, elles sont souvent pliées, parfois vers l'avant.

Si les deux sous-espèces d'éléphants d'Afrique présentent des oreilles d'une forme similaire, l'éléphant des savanes les a légèrement plus petites que celui des forêts. Mesurant l'oreille d'un énorme animal des savanes, Frederick Selous, un grand chasseur d'éléphants, donne les chiffres sui-

Lorsqu'ils chargent, les éléphants déploient leurs oreilles en éventail et enroulent leur trompe ou la tiennent sur le côté de façon à ne pas être gênés par elle.

vants : 1,70 m de hauteur contre 1 m de largeur. Si les oreilles d'un habitant des forêts ont la même largeur, elles mesurent toutefois 1,40 m de hauteur.

La peau fine de l'oreille est tendue sur une structure cartilagineuse. Chez les éléphants d'Afrique, son extrémité dépasse le garrot – partie du corps située au-dessus de l'épaule – et les deux oreilles se rejoignent presque. Leur part supérieure est souvent légèrement inclinée vers l'arrière. J'ai vu des sujets africains dont les oreilles étaient pliées en deux vers l'avant, de haut en bas, à la suite d'une blessure.

Chez tous les éléphants, le pavillon de l'oreille est couvert d'un épais revêtement de poils, alors que l'arrière est richement irrigué par de nombreux vaisseaux sanguins situés en surface. Les oreilles constituent un instrument de régulation thermique très important : aussi, par une chaude journée, les éléphants au repos ou paissant, les agitent-ils constamment. Les vaisseaux sanguins peuvent rétrécir ou s'élargir en fonction de la température ambiante, et le sang qui pénètre dans l'oreille s'y rafraîchit de 6° C avant d'être propulsé à nouveau dans la masse corporelle. Même si elle semble minime, cette baisse de température est capitale pour le bien-être des pachydermes.

Une glande temporale placée au-devant de l'oreille produit un exsudat de composition huileuse, à la très forte odeur. Si le fonctionnement de cette glande chez les grands mâles pendant la saison de reproduction a fait couler beaucoup d'encre, on a également remarqué des taches de cet exsudat sur la face d'un grand nombre d'éléphants, indépendamment de leur sexe et de leur âge. On a observé cependant que ces glandes deviendraient plus actives lorsque l'animal est excité, effrayé ou en rut, ou lorsqu'il se sent menacé ou défend son territoire. Cet exsudat, aussi personnalisé que nos empreintes digitales, constitue un important moyen de communication entre individus.

Pour marquer la limite de leur territoire, les éléphants frottent cette glande temporale contre un arbre et, pour se saluer, se frottent souvent joue contre joue, transférant leur odeur à l'autre. Les jeunes touchent fréquemment du bout de leur trompe la glande temporale d'éléphants beaucoup plus grands, de façon à les identifier. Ces glandes temporales grossissent avec l'âge.

Les oreilles d'un éléphant d'Asie sont beaucoup plus petites que celles des espèces africaines. D'une couleur rosâtre, elles forment un triangle bien dessiné, et sont souvent repliées vers l'avant.

Comparés à sa taille, les yeux de l'éléphant, protégés par de longs cils raides, sont très petits, ce qui ne l'empêche pas d'avoir une assez bonne vue – meilleure dans la pénombre forestière qu'en pleine lumière.

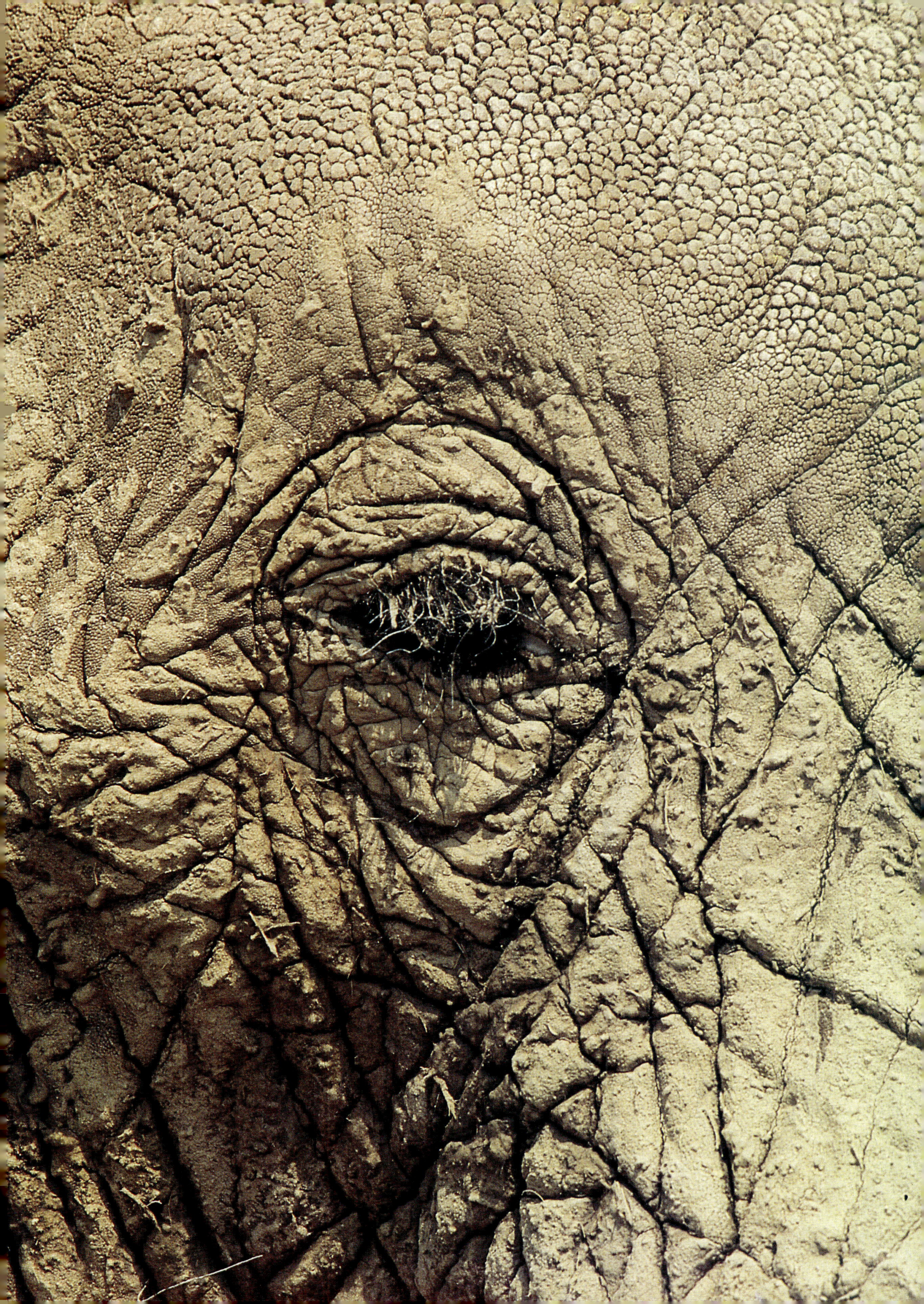

Dentition et défenses

Au cours d'une vie, un éléphant connaît six poussées de grosses molaires, chaque poussée étant composée, pour chaque moitié de mâchoire, d'une unique dent allongée. Cette dent est constituée de rangées verticales de dentine cémentées par une couche d'émail. Chaque barre de dentine est pourvue d'une crête transversale formant la surface râpeuse de la dent, nécessaire pour broyer les fibres des végétaux dont se nourrit l'animal. Contrairement à la plupart des herbivores qui mastiquent leur nourriture en un mouvement rotatoire ou latéral de la mâchoire inférieure, les éléphants effectuent un mouvement d'avant en arrière. Quand les sixièmes et dernières molaires, du fait de l'usure, viennent à tomber, l'éléphant, se trouvant désormais dans l'incapacité de mâcher ses aliments, ne tarde pas à mourir. Le Dr Sylina K. Sikesi, qui a fait de vastes recherches anatomiques sur ces animaux, a parfait la méthode consistant à évaluer l'âge d'un éléphant par l'étude de sa denture.

Selon lui, les premières molaires sont formées de cinq couches de dentine, les secondes de sept, les troisièmes et quatrièmes de dix, les cinquièmes de douze et, enfin, les sixièmes et dernières, de treize. Si les premières et les deuxièmes molaires se mettent en place en même temps, les premières tombent vers l'âge de deux ans, alors que les deuxièmes se maintiennent jusqu'à quatre ou cinq ans. Les troisièmes molaires disparaissent entre dix et douze ans ; les quatrièmes servent

Les défenses de l'éléphant sont en réalité deux incisives allongées, logées dans la mâchoire supérieure, qui continueront de pousser tout au long de sa vie. Les éléphants montrent une plus grande agilité d'un côté que de l'autre, utilisant pour se procurer leur nourriture la défense droite, ou la gauche, qui présente de ce fait un bout plus émoussé et un diamètre plus important.

Les éléphants marchent souvent la trompe enroulée autour d'une défense ou bien des deux.

pleinement durant dix ans environ, les cinquièmes étant utiles près de vingt-cinq années. Les sixièmes percent entre vingt-cinq et trente ans et sont en général complètement usées lorsque l'animal atteint soixante-six ans. La longévité d'un éléphant est ainsi de soixante à soixante-dix ans tout au plus.

Les dents apparaissent progressivement de l'arrière à l'avant de la mâchoire, poussées par la dernière qui se forme. En d'autres termes, au fur et à mesure que les couches usées de dentine se détachent de la partie antérieure de la molaire, elles sont remplacées par de nouvelles couches. Après la formation de la treizième couche de dentine de la sixième molaire, un os apparaît à l'arrière, qui la pousse en avant. Lorsque leurs dernières molaires se sont désintégrées, les vieux éléphants s'en vont dans les régions marécageuses, où les végétaux, de

Cet éléphant arrache des roseaux à l'aide de sa trompe. Il s'en servira également pour attraper les fruits et les feuilles d'un arbre, dont les branches ne sont pas même accessibles à la plus grande girafe. Éventuellement, il se dressera sur ses pattes arrière pour toucher plus haut.

Comme leurs dents s'usent, les vieux éléphants trouvent plus aisément à se nourrir dans les marécages, qui leur fournissent des aliments plus faciles à mâcher que les plantes et branches fibreuses des régions boisées.

texture molle, ne requièrent pas de mastication, contrairement aux plantes ligneuses.

Dépourvus des incisives que possèdent la plupart des herbivores, ces pachydermes ne peuvent pas couper leurs aliments. Ils les arrachent donc et les portent à leur bouche à l'aide de leur trompe. J'ai vu souvent de jeunes éléphants mettre celle-ci dans la bouche de leur mère pour savoir ce qu'elle mange et aller jusqu'à lui retirer la nourriture de la bouche. N'ayant pas d'incisive médiane, la mère ne risque pas de mordre la trompe de son petit, à condition qu'il la laisse au milieu de la mâchoire.

Les défenses de cet énorme mâle mesurent 2,70 m de long et pèsent probablement dans les 68 kilos chacune.

A en juger d'après la taille de ses défenses, ce jeune éléphant a entre cinq et sept ans. A un an, les premières défenses de l'éléphanteau tombent pour être remplacées par des défenses définitives, qui ne cesseront de croître tout au long de sa vie.

Grâce à leur trompe, les éléphants peuvent se nourrir de végétaux parfois situés jusqu'à 5,40 m du sol, hauteur que ne peut atteindre aucun autre herbivore, la girafe exceptée.

La trompe

La trompe d'un éléphant est un appendice étrange et merveilleux, prolongement du nez et de la lèvre supérieure contrôlé par des milliers de muscles (on discute encore de leur nombre...). A terre, les éléphants respirent soit par la bouche soit par la trompe. Dans l'eau, où ils se plongent volontiers entièrement, ils respirent avec leur trompe, qu'ils tiennent dressée tel un gigantesque schnorchel.

Elle peut s'allonger ou se raccourcir à volonté. On remarque souvent au sol des traces semblables à celles d'un serpent, là où, sur son passage, un éléphant a laissé traîner sa trompe. Celle de l'éléphant d'Afrique comporte deux sortes de « doigts » s'opposant en son extrémité tandis que l'éléphant d'Asie n'en a qu'un. Le bout de la trompe jouit d'une grande délicatesse de préhension. J'ai vu un jour un éléphant indien ramasser de très petites pièces de monnaie jetées par terre et les tendre au carnac juché sur son dos. Le bout de la trompe peut servir à cueillir une petite baie ou un unique brin d'herbe, tandis que la trompe elle-même peut soulever des bûches de plusieurs centaines de kilos.

L'éléphant utilise ce précieux appendice de plusieurs manières pour se procurer sa nourriture. Quand il le dresse, un grand mâle est capable d'arracher les fruits, les feuilles, et les branches d'un arbre jusqu'à 6 m de hauteur et plus ; ils seraient inaccessibles à la plus grande girafe.

Lorsque l'objet de sa convoitise est placé trop haut pour lui, alors il entoure l'arbre de sa trompe et le secoue vigoureusement jusqu'à ce que tombent les fruits mûrs. Si le tronc n'est pas très épais, il se contentera de le pousser du front et de la trompe pour le rompre ou le déraciner.

Les éléphants se servent également du bout de leur trompe pour trancher les herbes aussi nettement qu'avec une faux. Ils n'auront souvent, même pour les plantes les plus résistantes, qu'à tirer, et arracheront jusqu'aux racines, les secouant ensuite contre leur patte antérieure pour en ôter la terre. Selon les variétés, la plante sera mangée soit entièrement – soit en partie – les racines étant alors coupées par les molaires, puis rejetées. Pour venir à bout des herbes les mieux enracinées, l'éléphant maintiendra la plante avec sa trompe et utilisera ses membres antérieurs pour la libérer de ses racines. Il est intéressant de noter que les éléphants cassent et consomment des

Dans les vastes marécages, les roseaux à la croissance rapide constituent pour les éléphants une source de nourriture pratiquement inépuisable. Entourant de leur trompe les touffes d'herbe, ils les sectionnent avec la même netteté qu'une faux. Ils peuvent saisir de la même manière des plantes plus résistantes, qui sont arrachées avec leurs racines.

Après avoir arraché les végétaux dont il se nourrit, l'éléphant les fourre dans sa bouche à l'aide de sa trompe, répétant inlassablement les mêmes gestes.

La trace laissée par l'eau sur la peau de cet éléphant indique qu'elle était suffisamment profonde pour qu'il puisse y tremper sa bouche. Alors que les éléphants adultes utilisent généralement leur trompe pour boire, les jeunes éléphants, s'agenouillant, se servent parfois de leur bouche.

Les éléphants entourent souvent de leur trompe les petits arbres et les secouent jusqu'à en faire tomber les fruits, qu'ils pourront alors ramasser et manger.

La trompe de l'éléphant est un prolongement du nez et de la lèvre supérieure, que contrôlent environ des milliers de muscles. Cet éléphant étend la sienne pour arracher les branches d'un acacia jaune.

Quand il se baigne, un éléphant s'immerge complètement, laissant seulement hors de l'eau sa trompe, qui lui tient lieu de schnorchel.

Un sujet adulte peut aspirer dans sa trompe 17 litres d'eau d'un seul trait.

Plaçant sa trompe dans sa bouche, l'éléphant déverse dans sa bouche l'eau aspirée. Ces animaux ont aussi la capacité d'introduire plus profondément leur trompe dans leur gorge pour puiser l'eau contenue dans l'estomac, afin de s'en asperger.

Comme le montre cet éléphant d'Asie, l'eau projetée par la trompe forme une douche à forte pression d'une grand efficacité. Les éléphants domestiqués arrosent souvent de cette façon leurs maîtres ainsi que ceux qui les regardent.

branches d'acacia, qui portent des épines de 5 cm, sans le moindre dommage pour leur trompe, leur langue, leur bouche et leurs voies intestinales.

La trompe leur sert aussi à boire. Les jeunes éléphants s'agenouillent parfois pour s'abreuver par la bouche, et l'on en a observé de plus vieux, qui avaient peut-être laissé le bout de leur trompe dans un piège de braconnier, entrer dans l'eau pour se désaltérer de cette façon. Mais d'ordinaire, un éléphant plongera sa trompe dans l'onde, pour la porter ensuite à sa bouche, déversant dans sa gorge les 17 litres d'eau aspirés. Il pourra aussi introduire sa trompe au fond de sa gorge, pour puiser l'eau emmagasinée dans son estomac comme en un réservoir, et en asperger ses petits ou lui-même.

Les éléphants prennent grand plaisir aux ébats aquatiques. La poussée d'Archimède allège grandement leurs pieds et leurs pattes et, pour se rafraîchir, ils s'y plongent entièrement quand cela est possible, ou l'aspirent, la répandant ensuite sur

Les éléphants se couvrent plusieurs fois par jour de poussière, se protégeant ainsi des insectes contre lesquels ils doivent mener une lutte permanente.

Souvent après s'être baignés, les éléphants soufflent de la poussière sur leur peau encore humide pour la protéger des piqûres d'insectes.

La boue est une autre protection possible conte les piqûres et les morsures des hordes d'insectes dont sont harcelés les troupeaux.

Ce jeune éléphant d'Asie mêle les plaisirs de la baignade à ceux de la dégustation, ayant trouvé le temps de garnir sa trompe d'une touffe de jacinthes d'eau.

Ces jeunes pachydermes ont entrelacé leurs trompes pour se livrer une joute amicale. C'est en se testant sans cesse de cette manière que les éléphants apprennent quel est leur rang dans la hiérarchie du groupe.

eux telle une douche. Parfois, les éléphants remuent les pieds d'avant en arrière jusqu'à rendre la boue assez liquide pour être absorbée par la trompe, qui la recrache sur le corps entier. Ils s'arrosent souvent les uns les autres, et ceux qui sont domestiqués font imprévument subir ce genre de traitement à qui les regarde, et parfois même à leur gardien.

L'utilisation de la trompe chez l'éléphant revêt en outre une grande importance sociale et affective. Pour se saluer, deux éléphants entrelacent leurs trompes, un peu comme deux hommes se serrent la main. Les jeunes éléphants turbulents s'en battent dans leurs joutes amicales.

Un mâle amoureux caressera de cet appendice une femelle en œstrus, le faisant glisser sur tout son corps, et en touchera doucement son vagin pour la pousser à la copulation. Si les mères caressent les éléphanteaux de leur trompe, elles les en frappent aussi quand ils méritent une correction. Une mère utilisera sa trompe pour pousser son petit en haut d'une rive abrupte ou pour le tirer dans une pente. Il lui arrive de marcher derrière lui et de lui indiquer la direction à suivre en l'attrapant par la queue. J'ai vu des éléphants essayer de soulever un jeune malade, ou un de leurs compagnons, à l'aide de leurs trompes et de leurs défenses. Enfin, la trompe sert à couvrir un éléphanteau mort, lors de son enterrement.

La trompe constitue aussi une arme redoutable, utilisée pour flageller un rival ou un prédateur. Lorsqu'un éléphant en colère réussit à s'emparer

Pendant la parade sexuelle, le mâle et la femelle entrelacent leurs trompes et restent un long moment immobiles, dans cette étreinte...

Ces éléphants aux trompes entrelacées peuvent tout aussi bien se livrer à une joute amicale qu'à une étreinte amoureuse. Ce n'est qu'après les avoir observés un certain temps que l'on pourra savoir ce qu'il en est.

ainsi d'un prédateur, tigre ou lion, ou même d'un homme, il jettera puissamment sa proie à une bonne distance ou, plus souvent encore, la fracassera contre le sol. Les éléphants ne tuent pas leurs ennemis en les piétinant, mais ils s'agenouillent sur eux ou les écrasent avec leur front.

Leur odorat développé est aussi une fonction de la trompe. Un éléphant qui lève haut cet organe n'est pas sur le point de charger, même s'il peut le faire plus tard. La trompe dressée oscille curieusement, reniflant l'air, en quête d'une information nécessaire.

L'éléphant la dresse également lorsqu'il barrit de fureur – cri terrible qui peut être entendu de très loin. C'est, chez cet animal, le moyen d'expression que les hommes connaissent le mieux. On a découvert récemment que les éléphants communiquaient aussi entre eux en produisant un grondement venant de la poitrine et de la gorge, d'une fréquence inférieure au seuil auditif humain. Ces bruits n'ont pu être détectés que par des appareils phoniques perfectionnés, qui les ont enregistrés à une distance de plus de 4,8 km ! Un éléphant inquiet cessera d'émettre un tel son, ce qui alarmera le reste du troupeau. Ces grondements communicatifs ne doivent pas être confondus avec les gargouillements intestinaux produits par l'action du méthane, que l'oreille humaine peut distinguer à une distance considérable. Ces gargouillements énormes permettent de déceler la présence d'éléphants dans une épaisse savane, bien avant qu'on les ait aperçus.

Page suivante : L'affection que se témoignent ce jeune éléphant d'Asie, son frère aîné et leur mère montre les liens étroits existant au sein d'un groupe familial. Les éléphants utilisent beaucoup leur trompe dans leurs relations avec leurs semblables. Deux congénères qui se saluent entrelaceront souvent leurs trompes.

Lorsqu'ils se rencontrent, les éléphants se reniflent partout de leur trompe, afin de se reconnaître, sans méprise possible.

Quand un éléphant lève la trompe de cette manière, c'est pour y laisser pénétrer les effluves qu'il cherche à identifier.

La queue et les pieds

La queue d'un éléphant peut atteindre, chez un individu de grande taille, 1,50 m de long. La troisième portion distale de la queue est aplatie et couverte de longs poils rêches. Ces poils peuvent mesurer jusqu'à 95 cm de long. La queue, servant principalement de chasse-mouches, est également un bon indicateur des émotions de l'animal. Lorsqu'il est effrayé ou courroucé, elle se dresse arquée, et reste dans cette position tandis qu'il charge ou prend la fuite. Les adultes, je tiens à le préciser, ne font nulles rondes en tenant de leur trompe la queue de celui qui précède, comme on le leur apprend dans les cirques...

Les éléphants sont des animaux semi-digitigrades, qui marchent sur la pointe des pieds à la manière des chats et des chiens. On ne peut s'en rendre compte de prime abord, les os étant enfermés dans un pied en forme de colonne. L'éléphant d'Afrique compte cinq doigts aux membres antérieurs et quatre aux membres postérieurs, tout comme l'éléphant d'Asie, bien que ce dernier

La plupart des gens n'estiment pas bien la longueur de la queue d'un éléphant. Les poils de son extrémité, également longs, balaient souvent le sol et lui servent à chasser les mouches et autres insectes ennuyeux qui les assaillent en permanence.

Au cours de leurs migrations saisonnières, les éléphants, suivant les pluies, parcouraient autrefois de longues distances, se formant en larges troupeaux. Aujourd'hui, ces déplacements sont rendus impossibles par le développement de l'agriculture et l'extension de la présence humaine qui les confinent à des zones trop restreintes.

Les éléphants vaguent beaucoup, et sont capables de parcourir 16 km ou davantage en vingt-quatre heures. Le fait qu'ils se déplacent constamment les empêche de détruire entièrement la végétation d'un endroit donné.

ait parfois cinq orteils aux pattes postérieures. L'emplacement de chacun d'entre eux est indiqué par l'ongle plat, ou sabot, sur le devant du pied.

La plante du pied forme un coussinet, constitué de fibres élastiques et compressibles qui s'étirent sous l'effet du poids. Ce coussinet fait office d'amortisseur, permettant à l'éléphant de marcher sur les rochers ou sur des terrains accidentés sans se blesser. Cette plante de pied est calleuse, parcourue de stries aussi individualisées que des empreintes digitales. Les chasseurs expérimentés peuvent ainsi suivre facilement, d'après ses empreintes, un éléphant particulier au sein d'un troupeau.

Une légère compression du coussinet permet de répartir le poids énorme de l'animal sur une plus large surface et d'alléger considérablement la pression sur les muscles de la patte. Cette élasticité est notamment précieuse dans les régions marécageuses et boueuses. Comme ce pachyderme porte son poids sur un pied, celui-ci s'allonge, lui évitant de s'enfoncer davantage ; lorsque le poids se retire de ce pied, il se contracte et peut ainsi s'extraire assez facilement du gros trou qu'il a creusé dans la boue.

A cause de leur corpulence, les éléphants se déplacent généralement en soulevant un pied après l'autre. Ce n'est que dans certaines circonstances, par exemple pour se nourrir ou pour copuler, qu'ils lèvent les deux pieds en même temps.

La foulée d'un éléphant est de 2,75 m. Marchant un jour à côté d'un éléphant indien, je fus obligé de presser mon pas, ce qui me fit estimer que ces animaux parcouraient 8 km ou plus à l'heure. Le Dr Bernard Grizemek, quant à lui, a évalué à 15 km à l'heure la vitesse à laquelle les éléphants pouvaient courir. Il a également rap-

porté qu'un éléphant mâle d'Asie chargeait à près de 40 km à l'heure, vitesse indiquée par le compteur de sa Land Rover...

En dépit de leur masse, les éléphants ont une démarche très assurée et peuvent grimper des pentes très escarpées sans glisser. S'ils craignent que le sol s'effondre sous eux, ils tâtent le terrain d'un pied avant d'y porter tout leur poids. Parfois, dans la descente d'une pente raide, ils s'assiéront et se laisseront glisser jusqu'en bas en utilisant leur postérieur comme un frein – technique aussi connue des ours.

Pour gravir les pentes abruptes des collines boisées, ils s'aident également de leur trompe. Rappelons que le général carthaginois Hannibal domestiqua des éléphants africains et les entraîna à travers les Alpes italiennes pour attaquer Rome. Les éléphants qui survécurent à ce périple et aux batailles suivantes se révélèrent dans les combats une force de choc moins efficace qu'il ne l'avait

Pour se relever, un éléphant se dresse d'abord sur ses pattes antérieures, mettant son poids sur les genoux. Il bascule ensuite sa masse en avant pour se hisser sur ses pattes postérieures. Ce n'est pas aisé.

escompté. S'ils avaient été capables de franchir les hautes chaînes alpines, ils furent considérablement affaiblis par le manque de nourriture et le froid extrême qui régnait à cette altitude.

On croit que les éléphants peuvent tomber dans les failles rocheuses ou, parfois, rester coincés entre des arbres, de gros blocs de pierre et autres reliefs inamovibles, où ils meurent de faim s'ils ne parviennent pas à s'extirper de ces chausse-trapes.

Les orteils de l'éléphant sont enfouis à l'intérieur du pied. Seule la position des ongles indique l'emplacement de chacun.

Souvent, les pachydermes se reposent en levant un pied pour le placer derrière l'autre, un peu comme les hommes croisent leurs jambes. Les dessins que présente la plante des pieds sont aussi individualisés que nos empreintes digitales.

Juste avant la copulation, le mâle caresse la femelle de sa trompe, ce qui la stimule sexuellement. Pendant la parade sexuelle, les éléphants placent souvent le bout de leur trompe sur la bouche de leurs partenaires.

Cette mère regarde avec amour son petit se baigner dans la rivière. Il s'agit d'éléphants d'Asie.

LA VIE DE L'ÉLÉPHANT

La reproduction

Les éléphants forment de petits groupes familiaux régis par des lois matriarcales. Les mâles sont, en effet, exclus du troupeau organisé par les femelles, conduit par la plus vieille et la plus grosse du groupe, qui décide de ses déplacements, de ses haltes, des moments de se nourrir ou de se désaltérer. Elle fera mettre les autres éléphants en cercle pour protéger un éléphanteau qu'elle estimera en danger et ce sera elle qui se détachera de ce cercle pour charger un ennemi s'il en est besoin.

Chez les éléphants d'Afrique aussi bien que d'Asie, la femelle est en mesure de procréer pour la première fois entre dix et douze ans. La période de gestation est de vingt-deux mois. Elle pourra de nouveau être saillie six à huit mois plus tard, tout en allaitant encore le jeune éléphanteau né de ses premiers ébats. Il s'écoule donc au moins vingt-huit mois entre la parturition de deux éléphanteaux. On a longtemps cru qu'une femelle ne pouvait se retrouver en état de procréer tant qu'elle nourrissait son éléphanteau, mais c'est inexact.

Ordinairement, les mâles forment leur propre troupeau, mais le plus grand mâle d'un territoire garde des liens très étroits avec la harde des femelles car, dès que l'une d'entre elles entrera en œstrus, ce sera à lui de la féconder.

On pensait qu'un éléphant mâle ne pouvait s'accoupler qu'en période de musth, caractérisée par un comportement agressif s'accompagnant d'une production élevée d'exsudat émis par les glandes temporales. En réalité, le mâle est capable de procréer à tout moment de l'année, et pas seulement durant les quatre à six semaines de musth. Aux Indes, on ne fait pas travailler les éléphants en musth, que l'on enchaîne par mesure de sécurité. Pendant cette période, les mâles deviennent extrêmement féroces, imprévisibles et dangereux. Malgré toutes les études menées sur ce sujet, nous ne savons toujours pas ce qui se passe chez l'éléphant durant le musth. Créatures tropicales ou subtropicales, ils n'ont pas de saison définie pour se reproduire, et la copulation aussi bien que la mise bas peuvent avoir lieu n'importe quand.

Les femelles ont deux glandes mammaires placées entre les membres antérieurs. Le pénis du mâle est un organe imposant doublement recourbé en son érection, qui sied bien à un animal de cette taille. Habituellement enfoui dans les replis de la peau, il s'incurve vers l'avant quand il entre en érection. Les testicules sont situés plus en hauteur, sous son ventre. La vulve de la femelle, comme le pénis du mâle, est dissimulée par les replis de la peau à la saillie des membres postérieurs, ce qui crée parfois, pour l'observateur, des confusions quant au sexe.

Le mâle est attiré par la femelle avant qu'elle ne soit prête à l'accouplement. Les éléphants se font une cour, souvent empreinte de ce que les hommes appelleraient tendresse, caressant de la trompe l'objet de leurs désirs. L'excitation croissant, le mâle et la femelle dégagent tous deux une forte odeur, qui joue le rôle de stimulant sexuel. Le mâle approche alors la femelle par l'arrière et la pousse doucement de la tête et des défenses ; il n'est pas rare que la femelle s'enfuie... pour revenir peu de temps après, et cela plusieurs fois de suite. Quand elle consentira enfin au coït, elle présentera son dos au mâle, mettant la queue sur le côté et se laissera prendre.

Dans une position accroupie, le mâle place alors ses deux pattes antérieures sur la croupe de sa compagne. Son pénis, extraordinairement courbé vers l'arrière, s'infléchira vers l'avant en une sorte de *S* couché ! En introduisant son phallus dans la vulve de la femelle, le mâle se dressera sur ses pattes arrière pour faciliter la pénétration. La copulation ne dure que deux minutes environ, mais le mâle couvrira la femelle plusieurs fois en vingt-quatre heures.

Ici, un grand mâle monte un mâle d'une taille inférieure non à des fins sexuelles, mais pour le forcer à reconnaître sa dominance.

Complètement mouillé, cet énorme éléphant d'Afrique a pu aussi bien se plonger entièrement dans l'eau que s'arroser avec sa trompe.

La dominance

Chez les éléphants, comme chez beaucoup d'animaux, le mâle dominant est généralement le plus grand et le plus fort. La dominance ne s'acquiert qu'au bout d'un grand nombre d'années, pendant lesquelles chacun essaie de s'élever dans son échelle sociale. La plupart du temps, la rivalité entre les mâles se règle par des joutes amicales où ils confrontent leur force. Les adultes ont rarement à se battre, car ils connaissent leur rang, qui est fonction de leur taille. Les plus grands animaux peuvent habituellement maintenir leur position par une attitude menaçante à l'égard de leurs inférieurs qui, invariablement, montrent des signes de soumission ou s'éloignent sans demander leur reste.

L'attitude menaçante d'un éléphant consiste à agiter rapidement les oreilles ou à bouger la tête dans un mouvement rotatoire, laissant tomber mollement les oreilles et faisant osciller sa trompe. La queue dressée, le mâle dominant poussera un fort barrissement. Le combat n'a lieu que si le dominant a affaire à un mâle de la même taille qu'il n'aura pas encore affronté : les combattants se pré-

Avant l'accouplement, les éléphants se font une cour raffinée, et montrent souvent ce que les humains appelleraient de la tendresse...

Les éléphants déploient leurs oreilles en éventail pour apparaître encore plus imposants à toute créature qu'ils considèrent comme une menace. Comme tous les animaux, ils essaient d'établir leur dominance par une attitude menaçante et ne se battent qu'en dernier recours.

La taille du trou où se tient cet éléphant laisse à penser que des milliers de pachydermes, pendant des milliers d'années, sont venus prendre là leur bain de poussière...

Dans une tentative d'intimidation, un éléphant secoue la tête d'un rapide mouvement de droite à gauche, ce qui fait bouger ses vastes oreilles.

cipitent l'un contre l'autre, se frappant de leur trompe ou l'enroulant autour de celle de l'adversaire. Celui qui possède les plus longues défenses aura en principe l'avantage, mais il ne pourra les utiliser si les trompes restent entrelacées, ce qui obligera les deux bêtes à lutter tête contre tête. Il s'agira alors d'une épreuve de pure force. Les éléphants s'arc-boutant jusqu'à ce que l'un comprenne que l'autre est le plus fort. Saisissant un moment opportun pour se libérer, le plus faible s'enfuira avant d'être blessé. Le vainqueur cherche rarement à poursuivre le vaincu, satisfait de l'avoir dominé et de savoir que son rival l'a compris. La récompense du mâle dominant est le privilège de la reproduction, que lui confère son rang, dans le groupe territorial qu'il contrôle. Le mâle restera avec la femelle jusqu'à la fin de son œstrus, puis il la quittera pour rejoindre son troupeau, qui se tient à proximité, en attendant qu'une autre femelle vienne en chaleur.

Dans les plaines où les grands arbres sont rares, les éléphants se rassembleront là où ils pourront trouver de l'ombre, fuyant la chaleur de midi. Ils se déplaceront avec le soleil.

Page suivante : Cette remarquable photo montre un nouveau-né avec sa mère et trois autres membres de la harde. Une femelle mettra bas tous les trois ans, à partir de l'âge de dix à douze ans.

La naissance

Le moment de la mise bas approchant, la femelle cherchera pour ce faire, un endroit ombragé dans les bois ou tout autre lieu sûr et confortable. Elle s'y rendra seule ou accompagnée de ses filles, sœurs et tantes. Contrairement à beaucoup d'animaux, les éléphants mettent bas en restant debout. Le petit viendra la tête la première, déchirant le cordon ombilical et amenant avec lui le placenta. Sa mère le nettoiera en promenant doucement sa trompe sur lui.

Un nouveau-né pèse entre 90 et 115 kg et mesure de 95 à 115 cm au garrot. Quelques minutes après la naissance, il essayera de se dresser sur ses pieds, aidé par sa mère, qui le soulèvera doucement de sa trompe et de ses défenses. Ses pattes étant, dans un premier temps, trop faibles pour le porter, l'éléphanteau tombe souvent à la renverse, mais faisant preuve d'une persévérance égale à celle de sa mère, il ne tardera pas à se maintenir debout. Il fera quelques pas hésitants et trouvera infailliblement les mamelons maternels. Roulant d'un côté sur l'autre pendant l'allaitement, sa trompe finira par se dresser en arrière. De prime abord, un éléphanteau n'a guère de contrôle sur cet appendice, mais il développera, le moment venu, l'habileté nécessaire pour s'en servir.

Les autres femelles en gestation accueilleront le nouveau-né avec la même excitation que la mère. Comme cette dernière, elles l'examineront entièrement de leur trompe et l'aideront peut-être aussi à faire ses premiers pas. La harde femelle for-

Le statut est très important chez nombre d'animaux. Ce jeune éléphant essaie-t-il déjà de dominer un de ses pairs un peu plus âgé que lui ?

Un éléphanteau tète sa mère pendant deux ans. S'il commence à consommer des végétaux peu de temps après sa naissance, il dépend encore principalement du lait maternel pour son équilibre nutritif.

Comme tous les jeunes, cet éléphanteau aime exercer ses forces et folâtrer, mais il ne s'éloignera guère du troupeau qui le protège.

Lorsqu'ils se sentent en danger, les éléphants forment un cercle autour des nouveau-nés et des éléphanteaux de façon à les protéger. Dans les sociétés matriarcales que forment ces animaux, c'est la femelle dominante qui décide de la formation du cercle.

La période de gestation chez les éléphantes est de vingt-deux mois, soit 650 à 660 jours, plus longue que chez n'importe quel autre mammifère terrestre.

En imitant leur mère, les éléphanteaux comprennent de très bonne heure l'utilité de s'enduire de boue.

Ces deux éléphanteaux suivant leur mère sont des jumeaux, fort rares cette espèce. Les femelles donnent en effet naissance à un seul petit à la fois après une longue gestation. Elles peuvent procréer tous les deux ans et demi, dans des conditions optimales de leur milieu.

mant une grande famille, tous les membres du groupe participeront aux soins à donner au nouveau-né, prêts également à le défendre à tout moment. Si d'autres ont du lait, le petit les tétera aussi volontiers que sa mère. Les éléphants femelles incarnent à merveille le dicton :"Un pour tous et tous pour un".

Un éléphanteau est allaité pendant deux ans environ, parfois plus, bien que deux semaines seulement après sa naissance, il commence déjà à ramasser toutes sortes de végétaux. En introduisant sa trompe dans la bouche de sa mère, et en prélevant ainsi une partie de ce qu'elle mange, le petit apprend vite à apprécier le meilleur.

Les vieux éléphants s'étendent rarement parce qu'il leur est difficile de se relever. Les éléphanteaux, en revanche, s'allongent volontiers, posture moins fréquente chez les adultes.

Cet éléphanteau, sa trompe enroulée, cherche à intimider un ennemi imaginaire. Si celui-ci était réel, sa mère adopterait la même attitude menaçante. Fort attachées à leurs petits, les éléphantes se montrent très protectrices à leur égard.

Passant de dix-huit à vingt heures chaque jour à chercher de la nourriture, les éléphants sauvages se déplacent en général toute la nuit. Un adulte engloutira entre 160 et 180 kilos de végétaux en vingt-quatre heures.

Les éléphants mangent les feuilles, les rameaux et les branches, épines incluses, de nombreuses variétés d'acacia.

La nourriture

Si les éléphants, ceux des savanes y compris, se nourrissent d'une grande variété de buissons, arbres et arbrisseaux, la majeure partie de leur alimentation est constituée par différentes sortes d'herbes. Dans de nombreuses régions d'Afrique, notamment dans le parc national de Tsavo, au Kenya, et dans le parc national de Luanga, en Zambie, les troupeaux sont devenus si importants qu'ils ont épuisé tous leurs herbages préférés. Aussi, les études sur le comportement alimentaire des animaux doivent-elles être menées avec la plus grande prudence, puisque certaines espèces modifient leurs choix nutritionnels quand leur nourriture favorite a disparu. Heureusement, les éléphants consomment des centaines de types de végétaux, et sélectionnent instinctivement, lorsqu'ils ont le choix, les plus nutritifs.

Un éléphant adulte absorbe quotidiennement entre 160 et 180 kg de nourriture et peut manger pendant vingt heures. L'ingestion d'une telle quantité de matières fibreuses sera suivie, bien sûr, de l'élimination d'une masse de déchets tout aussi impressionnante. Les laissées d'éléphant se présentent sous la forme de boulettes, presque parfaitement rondes, d'un diamètre de 13 à 16 cm, et l'animal défèque une fois toutes les heures environ. Certains aliments ne subissent que très peu de transformations : ainsi, les drupes de palmier doum, dont raffolent les éléphants, sont pratiquement intactes après le transit intestinal. Manifestement, les noyaux les plus durs ne sont pas cassés par les dents de l'éléphant, mais avalés tout entiers. On ne sait exactement quel bénéfice l'animal tire de la consommation de ces fruits mais, apparemment, les graines de ceux qui sont passés par le système digestif d'un éléphant germent mieux que les autres.

Bien que les éléphants d'Afrique, comme ceux d'Asie soient des animaux tropicaux, ils ne sup-

Les éléphants peuvent être extrêmement destructeurs, comme en témoigne cette photo du cratère du Ngorongoro, en Tanzanie, où peu de jeunes acacias ont été épargnés.

Dans le parc national d'Amboseli, au Kenya, les éléphants ont détruit la plupart des acacias jaunes, transformant en désert ce qui était autrefois une forêt.

Un éléphant pousse un petit arbre. C'est ainsi que ces animaux renversent les fûts, de façon à se nourrir des feuilles et des branches les plus hautes.

portent pas plus les uns que les autres une longue exposition au soleil. Du fait de sa masse, un éléphant tolère mieux le froid que le soleil. Aussi ses principales activités se déroulent-elles la nuit ou pendant les moments de la journée où la chaleur est moins intense, tôt le matin et en fin d'après-midi. Les éléphants d'Afrique, qui ont accès à la forêt, se retireront dans des endroits ombragés en fin de matinée et n'en bougeront pas, à moins d'être dérangés, avant le milieu de l'après-midi. Dans la savane, plus découverte, ils se regrouperont sous les feuillages des gros arbres, et ne se déplaceront que pour le suivre l'ombre, au fur et à mesure de la course du soleil dans le ciel.

Aux Indes, on ne fait travailler les éléphants que de l'aube à la fin de la matinée, les laissant ensuite se reposer à l'ombre jusqu'à la fin de l'après-midi. Comme ces éléphants sont nourris par leurs maîtres, ils n'ont pas à chercher leur pitance, ce qui réduit leur temps de manducation à huit ou dix heures par jour.

Alors que les hommes ont besoin d'une moyenne de huit heures de sommeil toutes les vingt-quatre heures, les éléphants se contentent apparemment très bien de quatre à huit heures. Au cours d'une journée, on les voit cependant fréquemment somnoler tout en mangeant ou en se détendant. Si le troupeau n'est dérangé d'aucune manière et si l'herbe est abondante, les éléphants peuvent fermer les yeux et manger machinalement. Ils sont, à ces moments-là, en pleine somnolence. La plupart d'entre eux dorment debout, et tout particulièrement dans leur vieillesse. Agés, ils ont en effet beaucoup de mal à se relever après s'être allongés.

Les grands papyrus à l'arrière-plan font paraître presque petits ces spécimens de 3 m cherchant leur nourriture dans ce marécage.

C'est seulement après la saison des pluies, ou dans les zones marécageuses, qu'un éléphant a l'occasion de se nourrir d'herbes aussi luxuriantes.

La boisson

Un éléphant rejoint un point d'eau au moins une fois par jour. Si l'eau est abondante et que l'herbe du voisinage lui assure une nourriture adéquate, il peut s'y rendre plus souvent. Dans le parc national d'Amboseli, les éléphants passent la majeure partie de leur temps dans l'eau ou à proximité, trouvant dans les grands marécages de quoi s'alimenter en permanence.

Les éléphants boivent d'un seul trait entre 76 et 83 litres d'eau. Un grand mâle pourra avaler jusqu'à 189 litres par jour ; ils en perdent une grande quantité en la transvasant de leur trompe à leur bouche. Même si la trompe d'un grand éléphant peut contenir jusqu'à 17 litres d'eau, il lui faudra la remplir un grand nombre de fois pour assouvir sa soif.

En période de sécheresse, les éléphants trouvent généralement de l'eau en fouissant le sol asséché des mares et des cours d'eau de la savane. Ils savent instinctivement – peut-être est-ce une question de flair – où la trouver. L'eau courante étant habituellement plus profonde dans la partie extérieure d'une courbe, c'est là, bien sûr, qu'opéreront les éléphants. Les trous pratiqués sont de deux sortes : les uns, de grande dimension, creusés avec les défenses et la trompe, seront utilisés par tous les animaux de la région, dont les éléphants ; les autres, de 30 à 16 cm de diamètre seulement, creusés uniquement avec la trompe, ne pourront servir aux autres espèces qui boucheront facilement ces trous aux parois friables.

Les éléphants connaissent toutes les ressources en nourriture et en eau de leur territoire. Friands de minéraux qu'ils peuvent consommer par kilos, ils les cherchent dans les sources minérales ou dans la terre.

A l'origine, les éléphants étaient des migrateurs saisonniers, qui quittaient une région affectée par la sécheresse juste avant que le niveau hydrostatique baisse au point qu'il leur devienne difficile de s'y désaltérer.

Les récits des premiers explorateurs mentionnent l'existence de hardes d'éléphants de plus d'une centaine de têtes. Les animaux suivaient alors les pluies et l'abondante végétation qu'elles généraient. Aujourd'hui, les troupeaux sont fragmentés et les migrations saisonnières excessive-

Une harde, formée de femelles et d'éléphanteaux, assouvit sa soif. Les grands adultes peuvent boire 83 litres d'eau d'un seul trait.

L'eau étant une denrée rare dans la majeure partie de l'Afrique, les éléphants doivent partager ces points vitaux avec tous les autres animaux sauvages. On voit ici, derrière eux, un troupeau d'impalas s'abreuver.

Les éléphants prenaient des bains de boue bien avant que les humains n'en viennent à imiter ces pratiques bénéfiques à la peau.

Les éléphants se montrent très ludiques dans l'eau. Celui-ci, de la grande espèce africaine, frappe du pied pour le seul plaisir de voir l'eau et la boue jaillir.

Après s'être nourris des herbes sèches et flétries de la savane, tous les animaux sont irrésistiblement attirés par l'eau.

Les animaux font instinctivement entrer dans leur régime alimentaire différentes sortes de minéraux. Cet éléphant mange de la terre, susceptible d'en contenir, à l'emplacement d'une source d'eau minérale.

Les éléphants adorent se baigner et jouer dans l'eau dont ils s'éclaboussent et s'abreuvent. S'y plongeant pour se rafraîchir, ils l'aspirent également par leur trompe pour s'en arroser.

ment limitées, la plupart des éléphants habitant désormais les parcs nationaux, où les confine le développement intensif de l'agriculture sur leurs anciens parcours.

En 1968, j'eus l'occasion d'approcher les cinq premiers éléphants amenés dans la partie orientale du parc national de Serengeti, en Tanzanie. Le gardien du parc m'apprit que les habitants de l'endroit n'avaient jamais vu auparavant d'éléphants. Ceux-ci avaient été déplacés là sous la pression des populations de leurs anciens territoires, saccagés de manière abominable par l'homme. La région comptait en effet quelque mille acacias, dont les feuillages constituaient la nourriture favorite de l'éléphant; malgré leur petit nombre, beaucoup furent arrachés pour la terre cultivable. La destruction de ces arbres causa des dommages irréparables à l'habitat non seulement des éléphants, mais également des lions et des léopards, ainsi que d'autres espèces.

D'un diamètre de 3,50 m, le baobab est le plus gros arbre d'Afrique de l'Est. Son bois, relativement mou, est très apprécié des éléphants, qui en arrachent avec leurs défenses de larges bandes fibreuses dont ils se nourrissent. Un tel traitement a pour effet d'affaiblir l'arbre, qui finit par tomber, et est alors entièrement mangé par les pachydermes qui n'en laisseront pas même la souche ni la terre qui le chaussait.

Les troupeaux connaissent parfaitement leur territoire. Ils savent exactement où traverser à gué les rivières, comme nous le montre cette photo. La connaissance approfondie de leur habitat est un facteur important de survie pour tous les animaux.

La fascination de la mort

On a beaucoup écrit sur les supposés cimetières d'éléphants, endroits où sont censés se retirer pour mourir ces grands mammifères. Les premiers explorateurs, pensait-on, partaient à la recherche de ces lieux mythiques, présumés contenir un véritable trésor d'ivoire. Les investigations ultérieures ont prouvé que les éléphants, leur dernière heure venue, s'éteignaient là où ils se trouvaient. On rencontre parfois dans les régions marécageuses plusieurs squelettes les uns à côté des autres, mais il ne s'agit pas pour autant d'un « cimetière d'éléphants ». Comme nous l'avons vu plus haut, les éléphants se rendent dans les marécages où ils trouvent une ultime source de nourriture quand leurs dernières dents se désagrègent. Il est donc normal qu'un nombre important d'entre eux disparaissent dans ces endroits, où ils viennent trouver le terme de leur existence.

Ils semblent entretenir une véritable fascination pour la mort : ce sont des animaux aimants, qui feront tout pour remettre sur pied un de leurs congénères malade ou blessé. Quand l'un d'entre eux meurt, les autres membres du troupeau répugnent à quitter le lieu du décès. A la mort d'un éléphanteau, la mère, avec un ou deux parents, restera plusieurs jours auprès du corps. Un cadavre sera parfois, dans une tentative d'ensevelissement, recouvert de végétaux. Blanchis avec le temps par le soleil et la pluie, les vieux os n'ont certainement plus aucune odeur, mais ils n'en continuent pas moins d'être inspectés par les éléphants, qui en ramassent parfois quelques-uns, les portant dans leur trompe à des distances considérables.

Un couple inspecte la vieille carcasse d'un défunt. Les pachydermes sont fascinés par les squelettes et les os de leurs congénères, morts depuis longtemps.

En vieillissant, beaucoup de grands mâles quittent leurs compagnes et leurs petits pour mener une existence solitaire, mais ils rejoindront le troupeau dès qu'une femelle entrera en œstrus.

Ce soleil ne se couchera pas sur l'extinction d'une espèce. Suffisamment de gens et de gouvernements se sont montrés concernés par le sort des éléphants pour que soient prises des mesures de protection assurant leur survie.

Postface

L'avenir de l'éléphant dépend en grande partie de l'homme. Le braconnage a été considérablement réduit depuis l'entrée en vigueur, en 1989, d'un décret international interdisant la vente de l'ivoire. Malheureusement, cette interdiction a frappé des pays qui comptaient parmi les plus progressistes en matière de protection des éléphants. Paradoxalement, ces programmes de protection étaient financés par la vente de l'ivoire provenant d'animaux éliminés du troupeau.

Bien trop souvent, dans l'état actuel des choses, la totale protection dont sont l'objet les éléphants en fait à eux-mêmes leurs pires ennemis. Une région ne peut en effet supporter la vie d'une espèce animale que si elle est capable d'en assurer la nourriture. Si la population éléphantine n'est pas soumise à des contrôles, elle détruira son habitat par une pâture excessive, se condamnant de ce fait à la famine et à la mort.

Dans les années 1960, le parc national de Luanga, en Zambie, abritait un troupeau d'éléphants estimé à 35 000 têtes, qui transformait progressivement la forêt luxuriante en désert. Le Zimbabwe vient d'annoncer qu'il lui faudra supprimer approximativement 5000 éléphants de ses troupeaux, chiffrés à 80 000 têtes, pour sauver leur habitat. Au moins 50 000 éléphants résident dans le parc national de Chobe, au Bostwana où, trop nombreux pour l'espace réduit qu'ils occupent, ils font des dégâts considérables. Autrefois, les éléphants auraient émigré vers d'autres régions, mais la pression constante de la population humaine tout autour des parcs les y confine.

La plus certaine chance des éléphants aujourd'hui est l'intérêt qu'on leur porte dans le monde entier. Tant que les habitants d'une région pourront trouver quelque bénéfice dans l'affluence des visiteurs désirant voir et photographier ces animaux singuliers, ou même seulement les observer à distance, ils représenteront une véritable valeur, et l'avenir de ces imposantes et magnifiques créatures, les plus grands mammifères terrestres vivants, pourra être assuré.

L'apport économique du tourisme, en expansion, a donné une impulsion à la conservation de l'espèce. Jointe à une baisse de 80 % du braconnage, celle-ci permettra aux troupeaux de s'agrandir et, avec le temps, on verra de plus en plus de mâles arborer d'imposantes défenses...

INDEX

Les numéros de pages en **gras** renvoient aux légendes des photos.

albinos, 16
alimentation, **5**, **15**, 65-68, **65**, **67**, **68**, **74**, 75
allaitement, 62
boisson, **31-33**, 71-75, **71**
rôle des dents dans l', 23-27, **24**
des éléphanteaux, 59
usage de la trompe dans l', 28, **28**, 34
allaitement, 62
anatomie des éléphants, 12-16
dentition et défenses, **7**, **23-37**, 23, 27
organes sexuels, 50
queue et orteils, 43-46, **43**, **46**
trompe, 28-29, **28**, **31-33**
yeux et oreilles, 19-20, **20**, **53**
arme, (trompe utilisée), 39
attitude menaçante, **54**, **62**

baignade, **34**, **35**, 36, **73**, **74**
bains de poussière, **34**, **54**
boisson, 71-75, **71**
usage de la trompe, **31-33**

braconnage, 78

charge, **19**, 45
cimetière des éléphants, 77
communication, (usage de la trompe dans la), 39
comportement,
attitude menaçante, **54**
baignades, **34**, **35**, 36, **73**, **74**
boisson 71-75, **71**
charge, 19, 45
devant la mort, 77, **77**
dominance, **50**, 53-55
à la naissance, 62
nourriture 65-68, **67**, **68**
parade sexuelle, **37**, **49**, **53**
en troupeaux, 75
reproduction, 49-50
trompe, (usage social de la), 36-39, **36**, **39**
copulation, 50

défenses, **7**, **23**, **27**
interdiction de la vente de l'ivoire, 78
des ancêtres des éléphants, 11
utilisées au cours d'un combat, 55

dentition, 23-27
des ancêtres des éléphants, 11
défenses, **23**
dentition et défenses, 23-27
déplacement, 44-45, **44**

Dinotherium (éteint), 7, 11
dominance, 53-55
femelle dominante, **60**

eau
baignade, 36, 73, 74
boisson, 31-33, 34, **71**, 71-75
trouver de l', **15**
éléphant d'Afrique *(Loxodonta africana)*, **7**, **11**, 12-16, **16**, **50**, 68
éléphants d'Hannibal, 46
évolution, 7
oreilles, 19-20
orteils, 43-44
reproduction, 49
trompe, 28
éléphant d'Asie *(Elephas maximus)*, 7, 12-16
s'arrosant, **33**
évolution, 7
identification, **12**
oreilles, 19-20, **20**
orteils, 44
petits, **39**, **49**
reproduction, 49
travail, 68
trompes, 49
« éléphant blanc », 16
éléphant du Cap, 12
éléphant indien, 7,
travail, 68
trompe, 28
éléphanteaux, **39**, **49**, 59-62, **59-62**
alimentation, 27
mort, 77
nouveau-né, **55**
éléphant des forêts, 12, 20
Elephantidae (famille), 12
Éléphant des savanes, 12, 20
Elephas (genre), 12
émotions, la queue indicateur d', 43
évolution des éléphants, 7-12
expression vocale, 39

fèces, 65-68
femelles, 16
naissance, 59-62
procréation, 49, 50
société matriarcale, **60**

gestation, période de 49
glandes
mammaires, 50
temporales, 20, 49
Gomphoterium, 11
Grizemeck, Bernard, 45
groupes familiaux, **39**
naissance, 59-62
nouveau-né, **55**
petits, **59-62**
reproduction, 49-50

Hannibal, 45-46

ivoire, interdiction de la vente de l', 78

longévité de l'éléphant, 24
Loxondonta (genre), 12

mâles, 16
dominance chez les, **50**, 53-55
en période de musth, 49-50
mammaires, *voir* glandes
mammouths laineux, 12
Mammuthus (mammouth), 12
Mammuthus imperator 12
Mammuthus primigenius, 12
Mammutidae (famille, éteinte) 11-12
mastodontes (éteints), 11-12
matriarcale, société, **60**
Moeritheum (éteint), 7
mort des éléphants, 77, **77**
musth, 49-50

naissance, 59-62
de jumeaux, **7**
nouveau-né, **55**
voir aussi éléphanteaux
nourriture, *voir* alimentation

odorat, **3**
oreilles, 19-20, **20**, **53**
organes sexuels, 50
orteils, 43-46, **46**

parade sexuelle, **49**, 50, **53**
usage de la trompe dans la, 36, **37**
peau, 16
pénis, 50
pieds, 44-46, **46**
orteils, 43-44
proboscidiens (ordre des), 7-11

queue, 43, **43**
queue et pieds, 43-46

régime alimentaire, *voir* alimentation
reproduction, 49-50

Selous, Frederick, 19-20
sens
vue et ouie, 19-20, **20**
odorat, **3**
Sikes, Sylina K., 23
sommeil, **3**
survie de l'espèce, 78

trompe, 28-39, **28**
des ancêtres des éléphants, 11
utilisée pour boire, **23**, **24**, 27, **28**, **31**
utilisée au cours d'un combat, 55
utilisée pendant la parade nuptiale, **37**, **49**, 50
utilisée dans l'eau, **32**, **33**
utilisée pour marcher, 45
utilisée pour se nourrir, **23**, **24**, 27, **28**, **31**
utilisée pendant la parade nuptiale, **37**, **49**, 50
utilisée dans les rapports sociaux, **36**, **39**
troupeau, 49, 65, 75, 78
mort d'un éléphant dans un, 77

vulve, 50

yeux, 19, **20**